AF175744

Impressum
Verlag: BABADADA GmbH, Nedderfeld 112 , 22529 Hamburg
Geschäftsführer / Verlagsleitung: Harald Hof
Druck: Books on Demand GmbH, In de Tarpen 42, 22848 Norderstedt

Imprint
Publisher: BABADADA GmbH, Nedderfeld 112 , 22529 Hamburg, Germany
Managing Director / Publishing direction: Harald Hof
Print: Books on Demand GmbH, In de Tarpen 42, 22848 Norderstedt, Germany

escola

школа

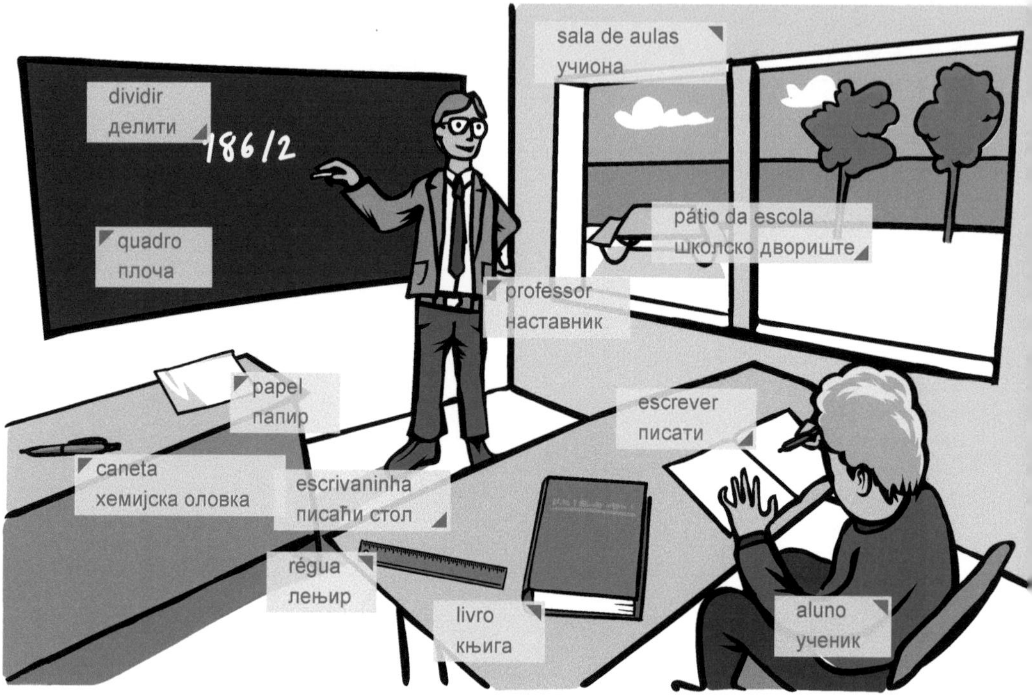

sala de aulas
учиона
dividir
делити
186/2
quadro
плоча
pátio da escola
школско двориште
professor
наставник
papel
папир
escrever
писати
caneta
хемијска оловка
escrivaninha
писаћи сто
régua
лењир
livro
књига
aluno
ученик

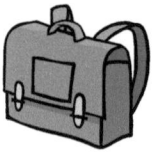

sacola

торба

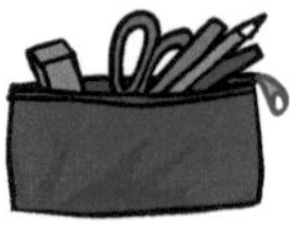

estojo de lápis

перница

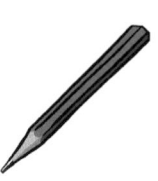

lápis

графитна оловка

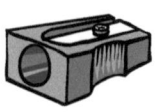

apontador de lápis

шиљило за оловке

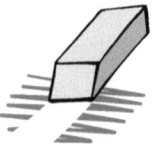

borracha

гумица за брисање

bloco de desenho

блок за цртање

desenho

цртеж

pincel

кист

estojo de tintas

кутија са бојама

tesoura

маказе

cola

лепило

livro de exercícios

бележница

lição de casa

домаћи задатак

número

број

somar

сабирати

subtrair

одузимати

multiplicar

множити

calcular

рачунати

letra

слово

alfabeto

абецеда

palavra

реч

texto

текст

ler

читати

giz

креда

hora

час

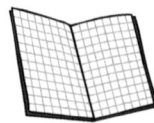

registro da classe

дневник

exame

испит

certificado

сведочанство

uniforme escolar

школска униформа

educação

образовање

enciclopédia

лексикон

universidade

универзитет

microscópio

микроскоп

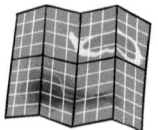

mapa

карта

cesto de lixo

кошара за папир

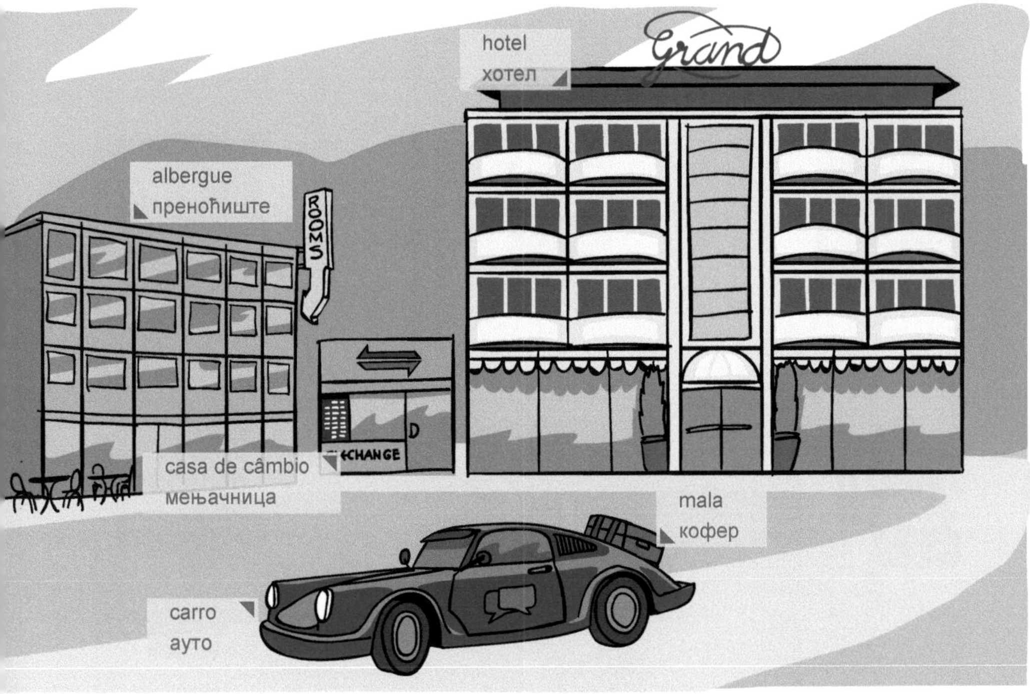

hotel
хотел
Grand
albergue
преноћиште
ROOMS
casa de câmbio
мењачница
mala
кофер
carro
ауто

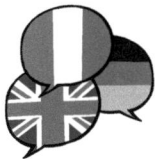

idioma

језик

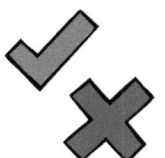

sim / não

да / не

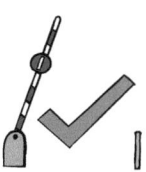

ok

океј

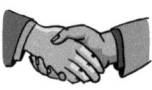

Olá

здраво

tradutor

преводилац

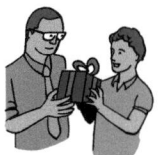

obrigado

хвала

quanto custa...?

Колико кошта...?

eu não entendo

не разумем

problema

проблем

boa noite!

добро вече!

Bom dia!

Добро јутро!

Boa noite!

Лаку ноћ!

até logo

довиђења

direção

смер

bagagem

пртљага

bolsa

торба

mochila

руксак

convidado

гост

quarto

соба

saco de dormir

врећа за спавање

barraca

шатор

informação turística

туристичке информације

praia

плажа

cartão de crédito

кредитна картица

café da manhã

доручак

almoço

ручак

jantar

вечера

bilhete

карта за вожњу

elevador

лифт

selo

поштанска маркица

fronteira

граница

alfândega

царина

embaixada

амбасада

visto

виза

passaporte

пасош

transporte

транспорт

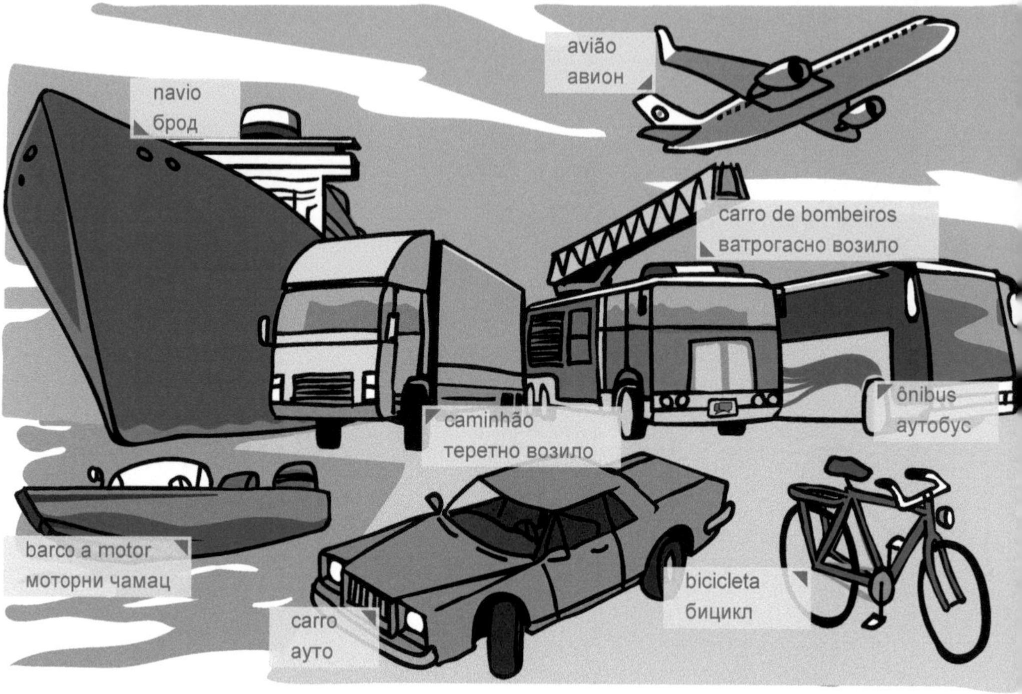

avião
авион
navio
брод
carro de bombeiros
ватрогасно возило
caminhão
теретно возило
ônibus
аутобус
barco a motor
моторни чамац
bicicleta
бицикл
carro
ауто

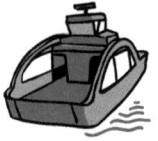

balsa

трајект

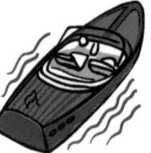

barco

чамац

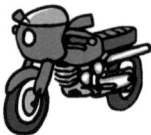

motocicleta

мотоцикл

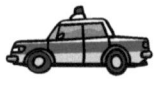

veículo policial

полицијски ауто

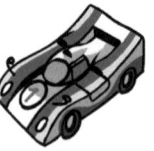

carro de corrida

тркаћи ауто

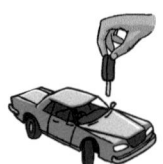

carro de aluguel

изнајмљено ауто

compartilhamento de automóvel

дељење аутомобила

caminhão de reboque

вучно возило

caminhão de lixo

возило за одвоз смећа

motor

мотор

combustível

бензин

posto de gasolina

бензинска станица

placa de trânsito

саобраћајни знак

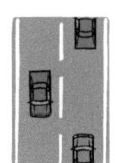

trânsito

саобраћај

trânsito lento

застој

estacionamento

паркиралиште

estação de trem

железничка станица

trilhos

шине

trem

воз

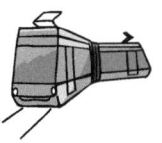

bonde

трамвај

vagão

вагон

helicóptero

хеликоптер

aeroporto

аеродром

torre

кула

passageiro

путник

contêiner

контејнер

cartolina

картон

carroça

колица

cesto

корпа

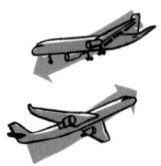

decolar / pousar

узлетети / слетети

cidade

град

vilarejo

село

centro da cidade

центар града

casa

кућа

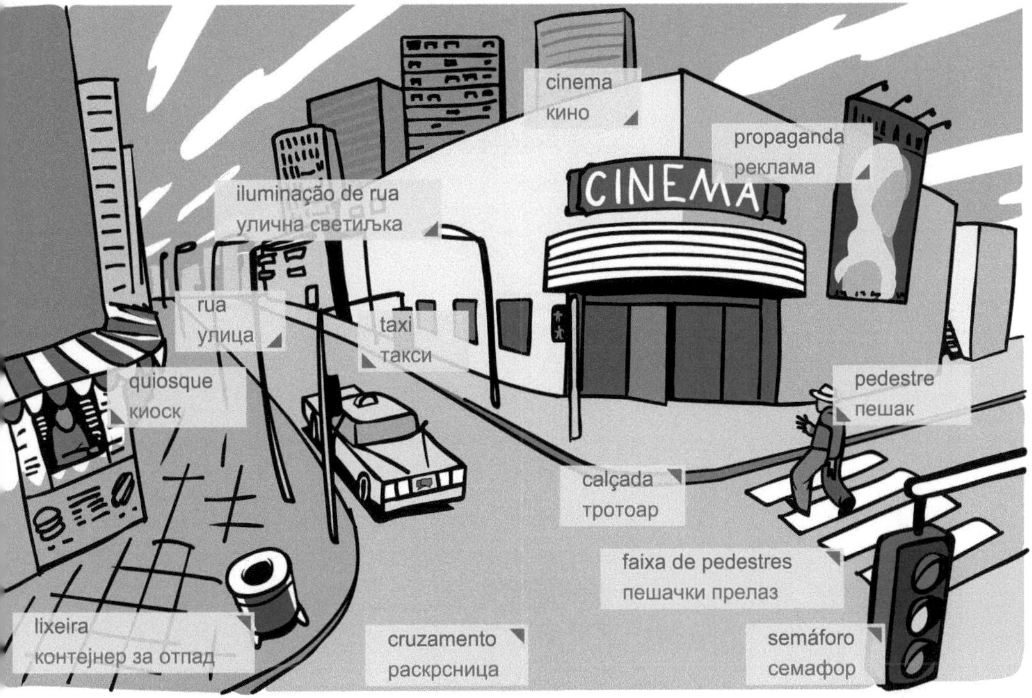

cinema
кино

propaganda
реклама

iluminação de rua
улична светиљка

rua
улица

taxi
такси

quiosque
киоск

pedestre
пешак

CINEMA

calçada
тротоар

faixa de pedestres
пешачки прелаз

lixeira
контејнер за отпад

cruzamento
раскрсница

semáforo
семафор

cabana

колиба

apartamento

стан

estação de trem

железничка станица

prefeitura

већница

museu

музеј

escola

школа

universidade

универзитет

banco

банка

hospital

болница

hotel

хотел

farmácia

апотека

escritório

канцеларија

livraria

књижара

loja

продавница

floricultura

цвећара

supermercado

супермаркет

mercado

трг

loja de departamentos

робна кућа

peixaria

рибарница

centro comercial

трговачки центар

porto

лука

parque
парк

banco
клупа

ponte
мост

escadas
степенице

metrô
подземна железница

túnel
тунел

ponto de ônibus
аутобуска станица

bar
бар

restaurante
ресторан

caixa de correspondência
поштанско сандуче

placa de rua
улични знак

parquímetro
паркирни аутомат

zoológico
зоолошки врт

piscina
базен

mesquita
џамија

fazenda
....
сеоско газдинство

poluição
....
загађење околине

cemitério
....
гробље

igreja
....
црква

parquinho
....
игралиште

templo
....
храм

paisagem
пејсаж

folha
лист

placa de sinalização
путоказ

caminho
пут

gramado
ливада

pedra
камен

árvore
дрво

caminhantes
шетач

rio
река

grama
трава

flor
цвет

vale
долина

montanha
планина

lago
језеро

floresta
шума

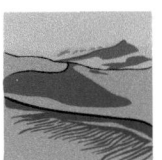

deserto
пустиња

vulcão
вулкан

castelo
дворац

arco-íris
дуга

cogumelo
гљива

palmeira
палма

mosquito
москито

mosca
мува

formiga
мрав

abelha
пчела

aranha
паук

besouro
буба

sapo
жаба

esquilo
веверица

ouriço
јеж

lebre
зец

coruja
сова

pássaro
птица

cisne
лабуд

javali
дивља свиња

veado
јелен

alce
лос

barragem
насип

aerogerador
ветрењача

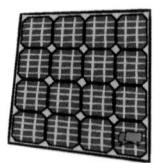

painel solar
соларна плоча

clima
клима

restaurante

ресторан

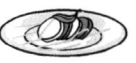

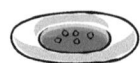

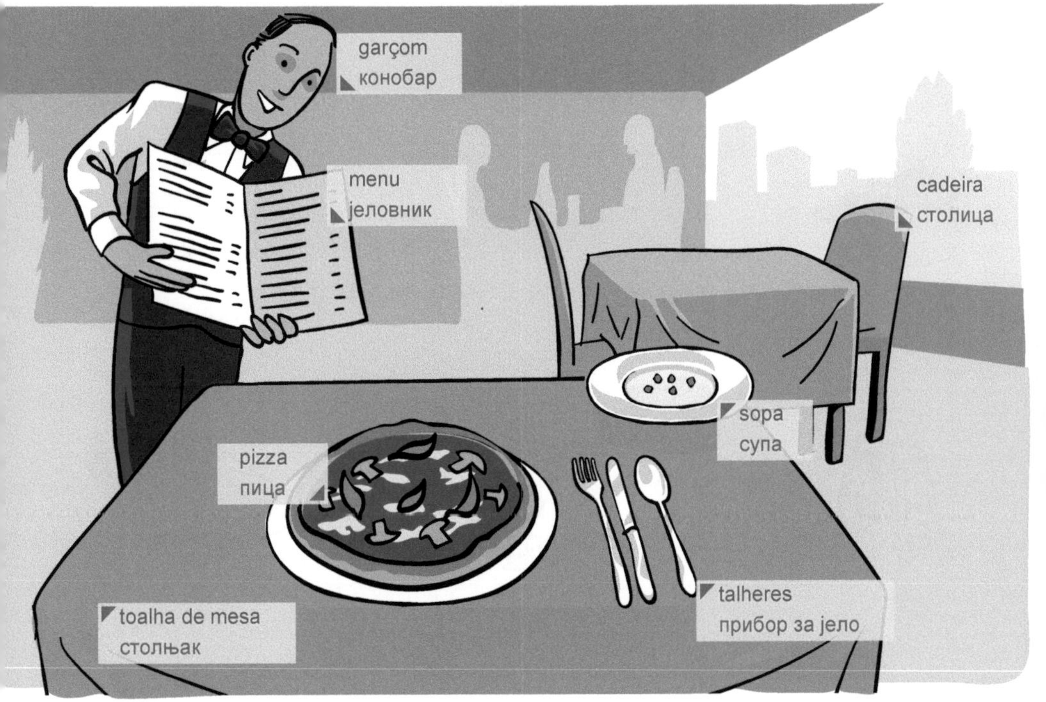
garçom
конобар
menu
јеловник
cadeira
столица
sopa
супа
pizza
пица
talheres
прибор за јело
toalha de mesa
стољњак

entrada

предјело

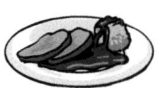

prato principal

главно јело

sobremesa

десерт

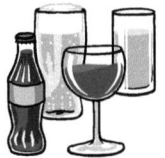

bebidas

напитци

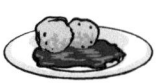

comida

јело

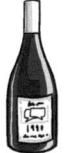

garrafa

флаша

fastfood

брза храна

comida de rua

имбис храна

bule de chá

чајник

açucareiro

доза за шећер

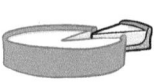

porção

порција

máquina de expresso

апарат за еспресо

cadeirão

висока столица

conta

рачун

bandeja

послужавник

faca

нож

garfo

виљушка

colher

кашика

colher de chá

чајна кашика

guardanapo

салвета

copo

чаша

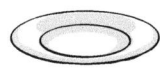

prato

тањир

prato de sopa

тањир за супу

pires

тањирић

molho

сос

saleiro

сољенка

moedor de pimenta

млин за бибер

vinagre

сирће

óleo

уље

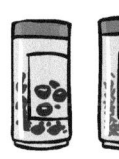

especiarias

зачини

ketchup

кечап

mostarda

сенф

maionese

мајонеза

supermercado

супермаркет

oferta especial
понуда
FOR
cliente
купац
laticínios
млечни производи
frutas
воће
carrinho de compras
колица за куповину

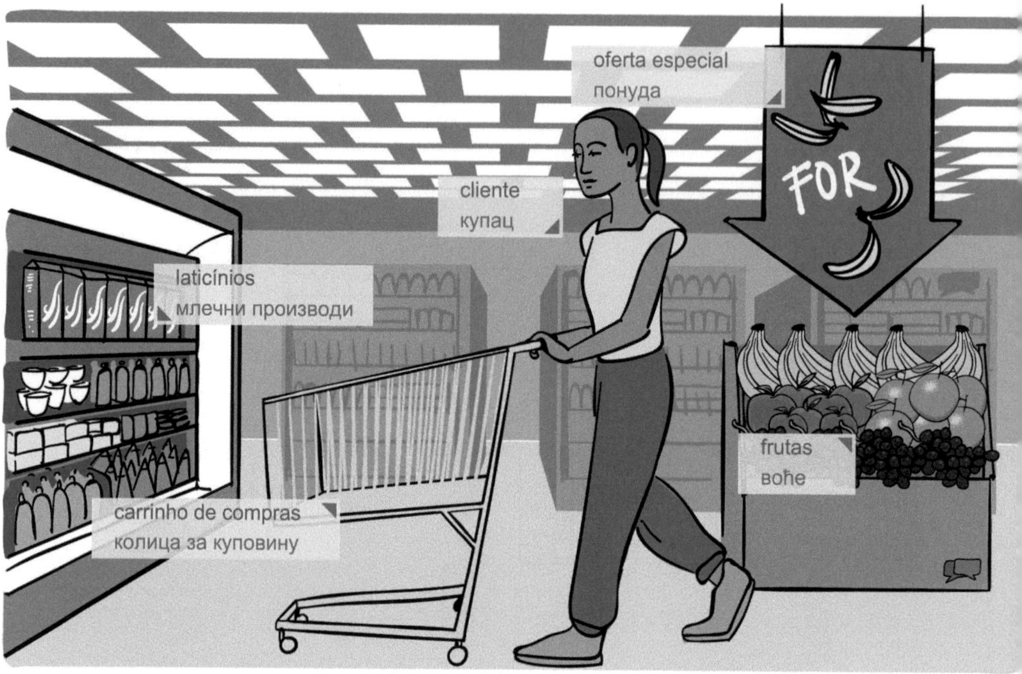

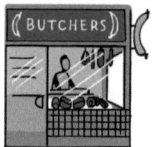

BUTCHERS

açougue

месница

BAKERY

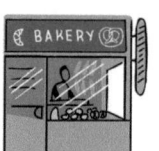

padaria

пекара

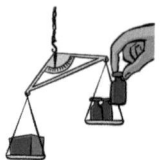

pesar

вагати

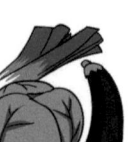

legumes

поврће

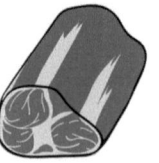

carne

месо

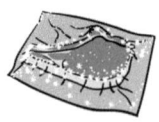

congelados

смрзнута храна

charcutaria

нарезак

conservas

конзерве

detergente em pó

средство за прање

doces

слаткиши

artigos domésticos

артикли за домаћинство

produtos de limpeza

средства за чишћење

vendedora

продавачица

caixa

благајна

caixa

благајник

lista de compras

листа за куповину

horário de funcionamento

време рада

carteira

новчаник

cartão de crédito

кредитна картица

sacola

торба

saco plástico

пластична кеса

bebidas

água

вода

suco

сок

leite

млеко

coca-cola

кола

vinho

вино

cerveja

пиво

álcool

алкохол

cacau

какао

chá

чај

café

кава

expresso

еспресо

cappuccino

капућино

banana

банана

maçã

јабука

laranja

наранџа

melão

лубеница

limão

лимун

cenoura

шаргарепа

alho

бели лук

bambu

бамбус

cebola

лук

cogumelo

гљива

nozes

орашасти плодови

macarrão

резанци

espaguete

шпагете

arroz

рижа

salada

салата

batatas fritas

помфрит

batatas frias

печени крумпир

pizza

пица

hambúrger

хамбургер

sanduíche

сендвич

escalope

шницла

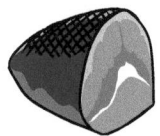

presunto

шунка

salame

салама

salsicha

кобасица

galinha

кокош

assado

печење

peixe

риба

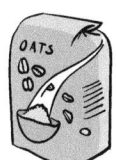

flocos de aveia

зобене пахуљице

granola

мусли

flocos de milho

кукурузне пахуљице

farinha

брашно

croissant

кроасан

pãozinho

пециво

pão

хлеб

torrada

тоаст

biscoitos

кекси

manteiga

маслац

requeijão

свежи сир

bolo

колач

ovo

jaje

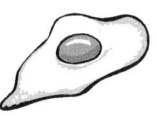

ovo frito

jaje на око

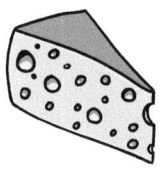

queijo

сир

sorvete

сладолед

açúcar

шећер

mel

мед

geleia

мармелада

creme de avelãs

нугат крема

curry

кари

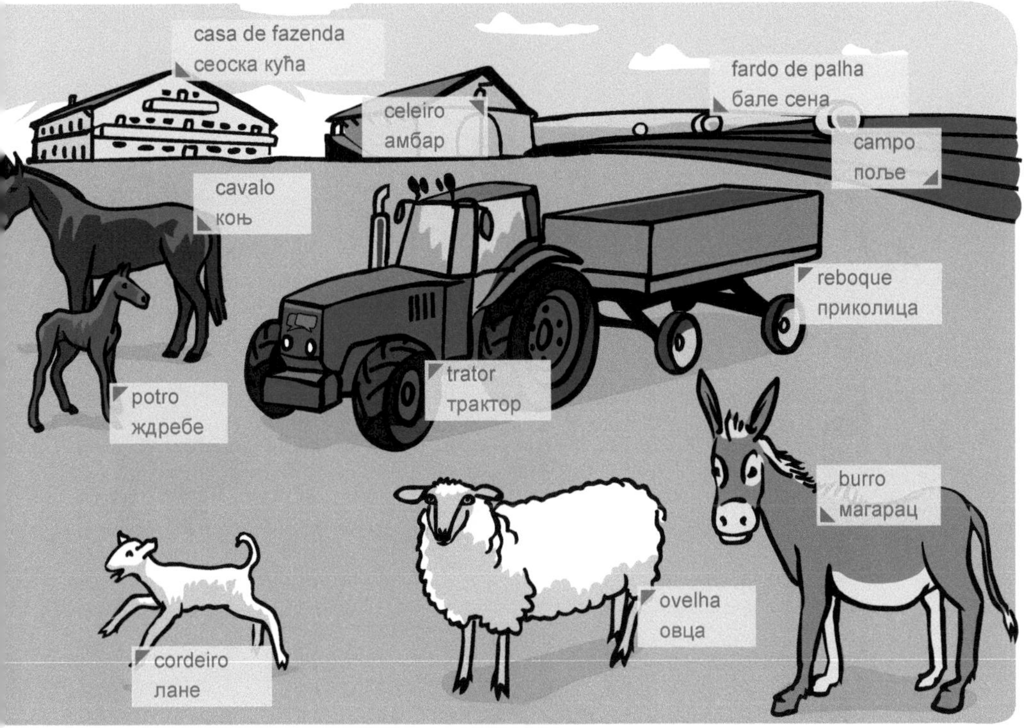

casa de fazenda
сеоска кућа

fardo de palha
бале сена

celeiro
амбар

campo
поље

cavalo
коњ

reboque
приколица

potro
ждребе

trator
трактор

burro
магарац

cordeiro
лане

ovelha
овца

cabra

коза

vaca

крава

bezerro

теле

porco

свиња

leitão

прасе

touro

бик

ganso

гуска

pato

патка

pintinho

пилићи

galinha

кокош

galo

петао

ratazana

пацов

gato

мачка

camundongo

миш

boi

во

cachorro

пас

casinha do cachorro

кућица за пса

mangueira de jardim

вртно црево

regador

канта за поливање

foice

коса

arado

плуг

foice

срп

enxada

мотика

forquilha

виљушка за ђубриво

machado

секира

carrinho de mão

тачке

manjedoura

корито

jarra de leite

посуда за млеко

saco

врећа

cerca

ограда

estábulo

штала

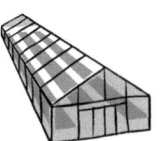

estufa

стакленик

solo

земља

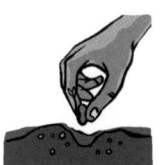

semente

семе

fertilizante

ђубриво

colheitadeira

комбајн

colher
жети

colheita
жетва

inhame
јамс зачин

trigo
пшеница

soja
соja

batata
крумпир

milho
кукуруз

colza
уљана репица

árvore frutífera
воћка

mandioca
гомољ маниоке

cereais
житарице

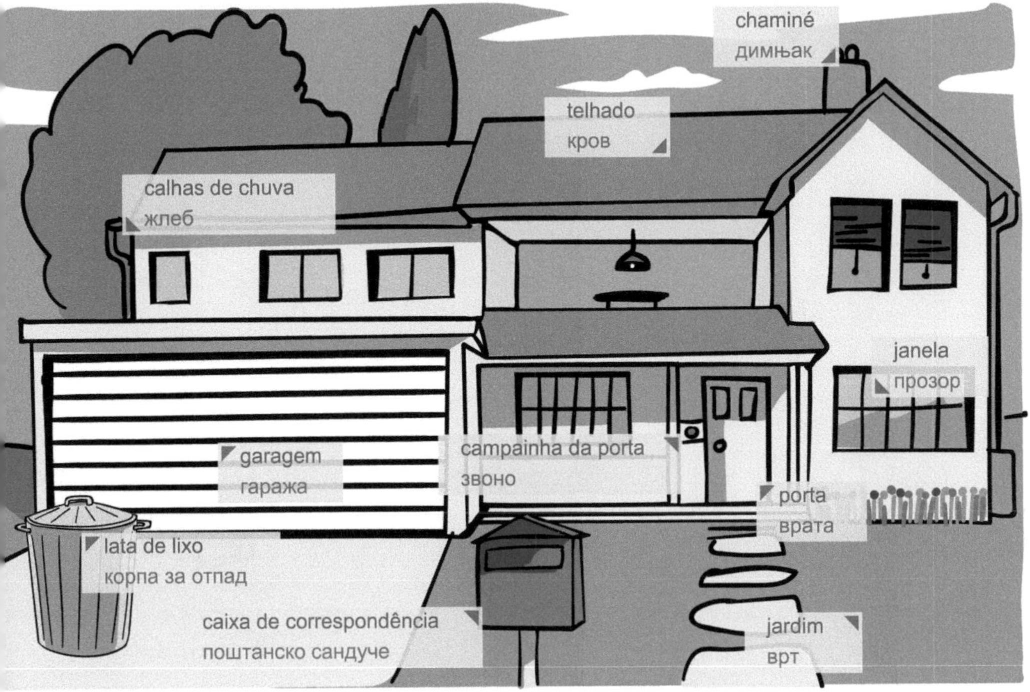

chaminé
димњак

telhado
кров

calhas de chuva
жлеб

janela
прозор

garagem
гаража

campainha da porta
звоно

porta
врата

lata de lixo
корпа за отпад

caixa de correspondência
поштанско сандуче

jardim
врт

sala de estar

дневна соба

banheiro

купаоница

cozinha

кухиња

quarto de dormir

спаваћа соба

quarto de criança

дечија соба

sala de jantar

трпезарија

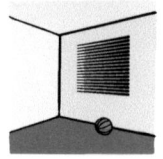

chão

под

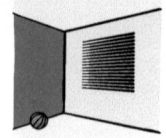

parede

зид

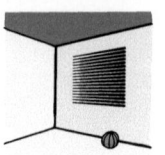

teto

строп

porão

подрум

sauna

сауна

varanda

балкон

terraço

тераса

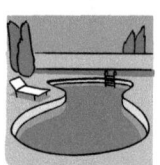

piscina

базен

cortador de grama

косилица за траву

lençol

постељина за кревет

coberta

дека за кревет

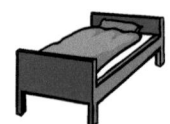

cama

кревет

vassoura

метла

balde

канта

interruptor

прекидач

sala de estar
дневна соба

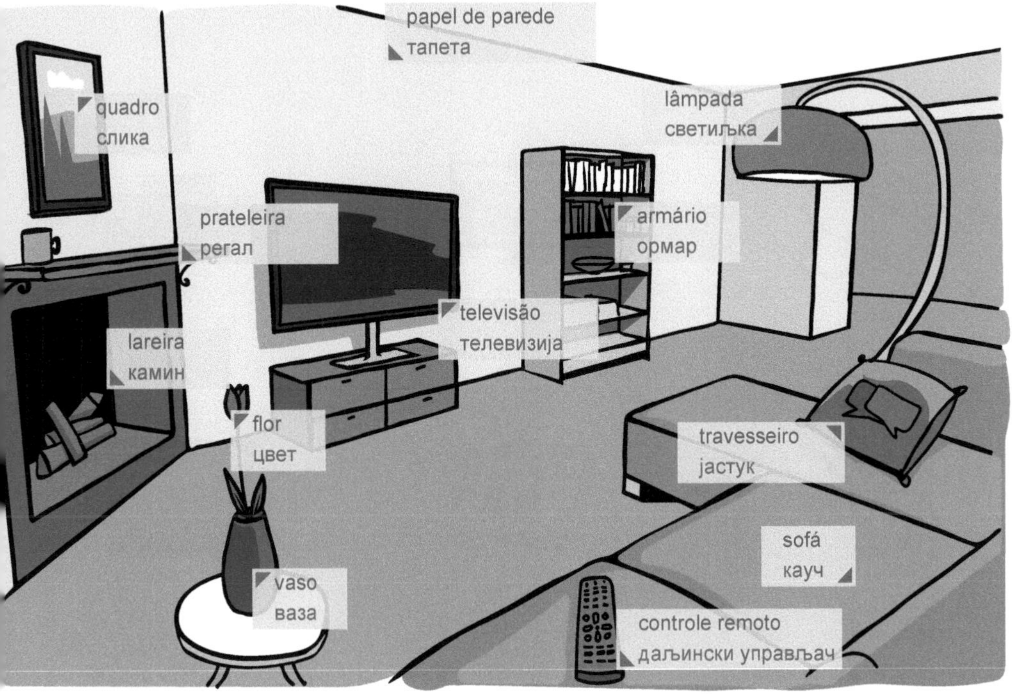
papel de parede
тапета
quadro
слика
lâmpada
светиљка
prateleira
регал
armário
ормар
televisão
телевизија
lareira
камин
flor
цвет
travesseiro
јастук
sofá
кауч
vaso
ваза
controle remoto
даљински управљач

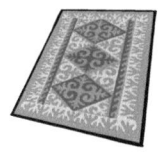

tapete

тепих

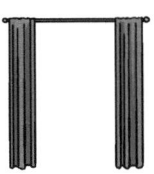

cortina

завеса

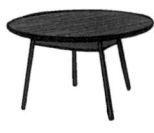

mesa

сто

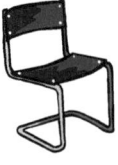

cadeira

столица

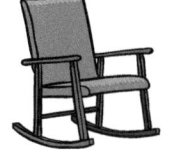

cadeira de balanço

столица за њихање

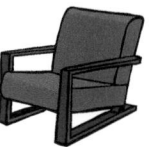

poltrona

фотеља

livro

књига

cobertor

дека

decoração

декорација

lenha

дрво за огрев

filme

филм

equipamento de som

хи-фи уређај

chave

кључ

jornal

новине

pintura

слика на платну

pôster

постер

rádio

радио

bloco de notas

блок за писање

aspirador

усисивач

cacto

кактус

vela

свећа

cozinha
кухиња

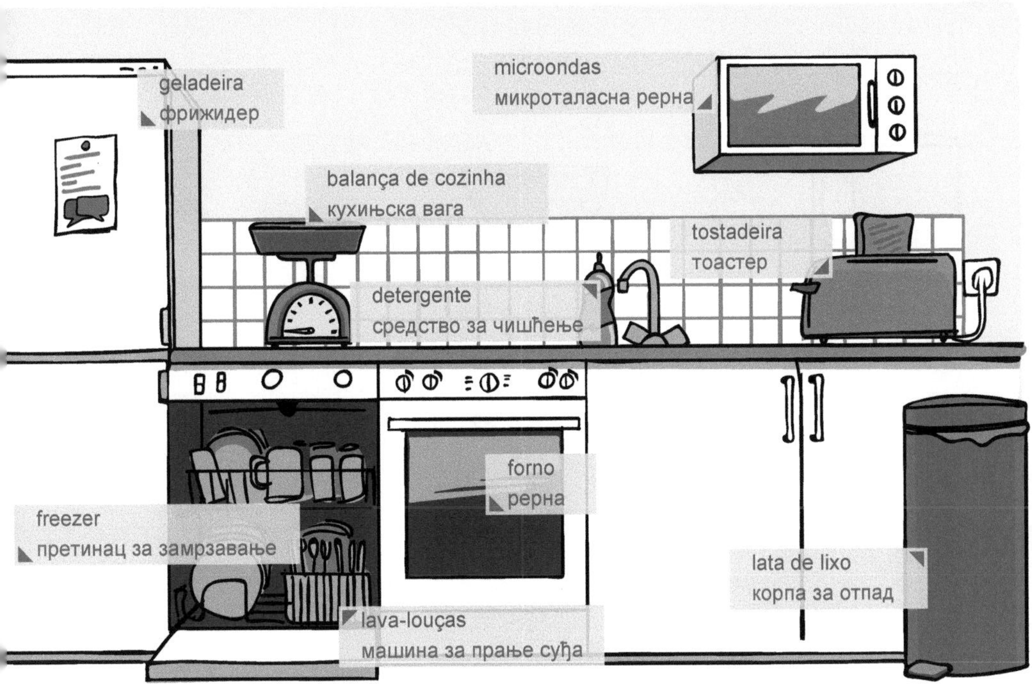

geladeira
фрижидер
microondas
микроталасна рерна
balança de cozinha
кухињска вага
tostadeira
тоастер
detergente
средство за чишћење
forno
рерна
freezer
претинац за замрзавање
lata de lixo
корпа за отпад
lava-louças
машина за прање суђа

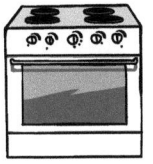

fogão

шпорет

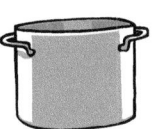

panela

лонац

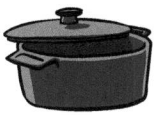

panela de ferro

гвоздени лонац

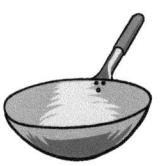

wok / kadai

вок / кадаи

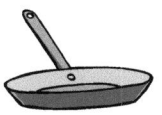

frigideira

тава

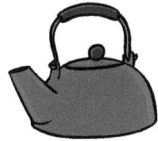

chaleira

кувало за воду

panela a vapor

кувало на пару

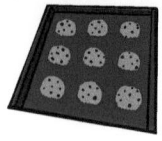

tabuleiro de forno

лим за печење

louça

посуђе

caneca

чаша

caçarola

посуда

hashi

штапићи за јело

concha de sopa

кутлача

espátula

лопатица

batedor

пењача

escorredor

сито за кување

peneira

сито

ralador

рибеж

almofariz

мужар

churrasqueira

роштиљ

lareira

огњиште

tábua de cortar

даска

rolo da massa

оклагија

saca-rolhas

вадичеп

lata

конзерва

abridor de latas

отварач конзерви

pegador de panela

крпа за лонац

pia

судопер

escova

четка

esponja

сунђер

liquidificador

миксер

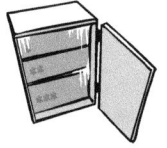

congelador

замрзивач

mamadeira

флашица за бебе

torneira

славина за воду

banheiro

купаоница

aquecimento
грејање
ducha
туш
toalha
пешкир
cortina de chuveiro
завеса за туш
banho de espuma
пенушава купка
banheira
када
copo
чаша
lava-roupa
машина за прање веша
torneira
славина за воду
azulejos
плочице
penico
тута
pia
судопер

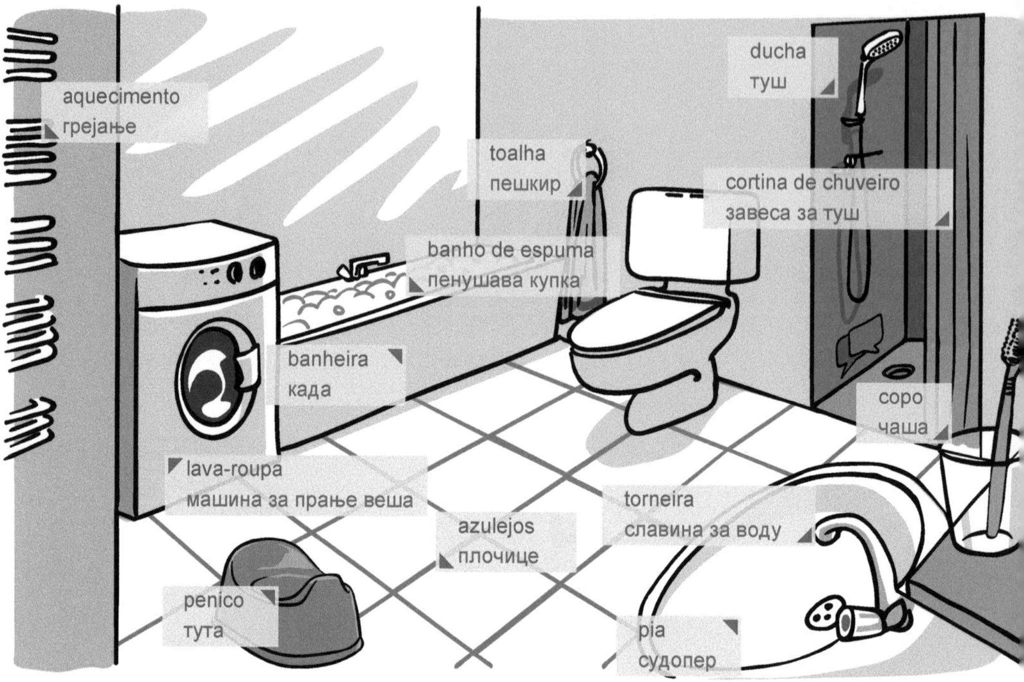

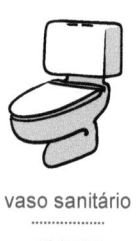

vaso sanitário

тоалет

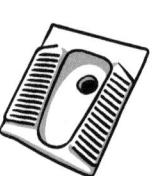

lavabo de agachar

чучавац

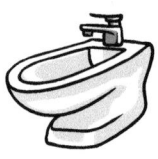

bidê

бидет

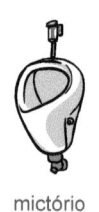

mictório

писоар

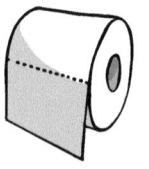

papel higiênico

тоалетни папир

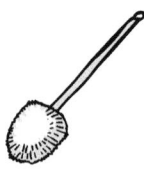

escova de privada

четка за тоалет

escova de dentes

четкица за зубе

pasta de dentes

паста за зубе

fio dental

конац за зубе

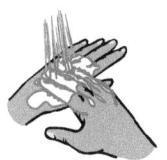

lavar

прати

ducha de mão

туш ручица

ducha íntima

туш за прање интимних делова

bacia

лавор

escova para as costas

четка за прање леђа

sabonete

сапун

gel de banho

гел за туширање

xampu

шампон

toalha de rosto

крпа за прање

escoamento

одвод

creme

крема

desodorante

дезодоранс

espelho

огледало

espelho de mão

козметичко огледало

barbeador

бријач

espuma de barbear

пена за бријање

loção pós-barba

лосион за после бријања

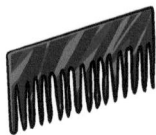

pente

чешаљ

escova

четка

secador de cabelo

фен за косу

spray de cabelo

спреј за косу

maquiagem

шминка

batom

руж за усне

esmalte de unhas

лак за нокте

algodão

вата

tesoura para unhas

маказе за нокте

perfume

парфем

nécessaire

козметичка торбица

banquinho

столица

balança

вага

roupão de banho

огртач

luvas de borracha

рукавице за чишћење

absorvente interno

тампон

absorvente íntimo

уложак

banheiro químico

хемијски тоалет

quarto de criança

дечија соба

despertador
будилник
boneco de pelúcia
плишана играчка
carrinho de brinquedo
ауто играчка
chacoalho
звечка
casa de bonecas
кућица за лутке
presente
поклон

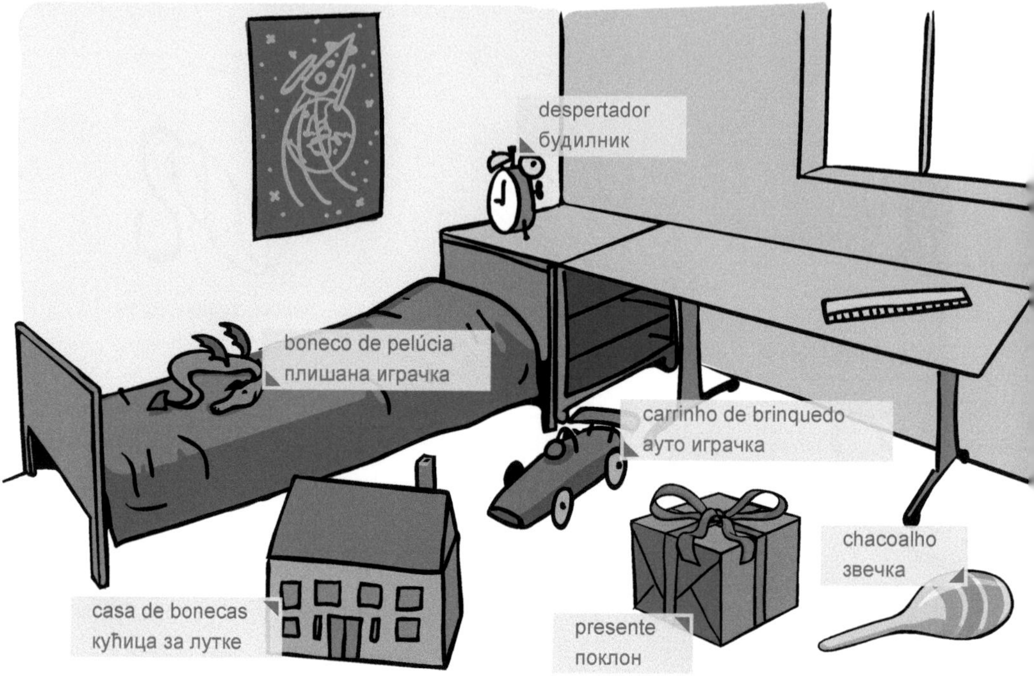

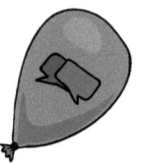

balão

балон

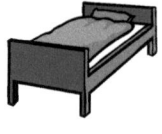

cama

кревет

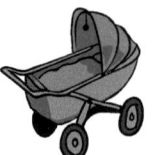

carrinho de bebê

дјечија колица

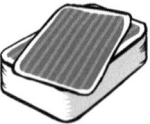

jogo de cartas

игра са картама

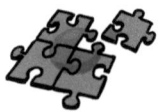

quebra-cabeças

слагалица

SUPER
MEGA

revista de quadrinhos

стрип

peças de Lego

лего коцкице

blocos de construção

коцкице за слагање

figura de ação

акциони јунак

macaquinho de bebê

бенкица за бебе

frisbee

фризби

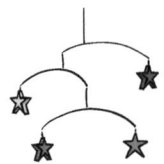

móbile para bebé

висеће играчке

jogo de tabuleiro

друштвене игре

dados

коцка

trenzinho elétrico

минијатурна жељезница

chupeta

дуда

festa

забава

livro ilustrado

сликовница

bola

лопта

boneca

лутка

brincar

играти

caixa de areia

пешчаник

balanço

љуљачка

brinquedos

играчка

videogame

конзола за игре

triciclo

трицикл

ursinho de pelúcia

теди

guarda-roupa

ормар

vestuário

одећа

meias

кратке чарапе

meias pelo joelho

чарапе

meias-calças

хулахопке

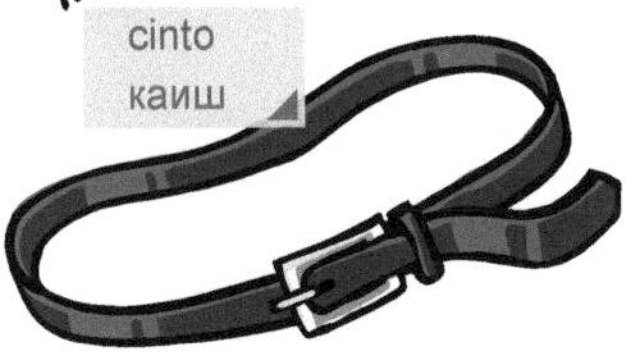

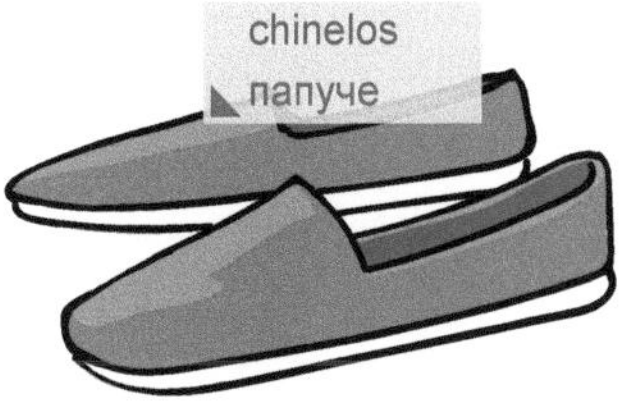

cachecol
шал

guarda-chuva
кишобран

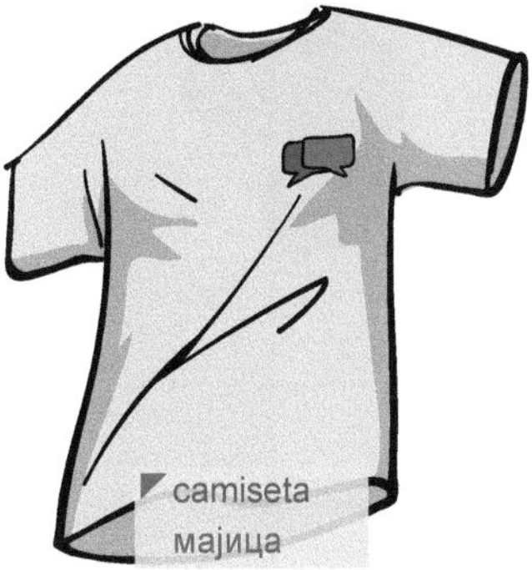

cinto
каиш

camiseta
мајица

botas
чизме

chinelos
папуче

tênis
патике

sandálias
....
сандале

sapatos
....
ципеле

botas de borracha
....
гумене чизме

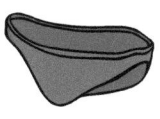

roupa de baixo
....
гаћице

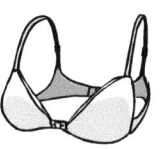

sutiã
....
грудњак

camiseta de baixo
....
поткошуља

body

боди

calças

панталоне

jeans

фармерке

saia

сукња

blusa

блуза

camisa

кошуља

pulôver

џемпер

suéter com capuz

џемпер с капуљачом

blazer

сако

jaqueta

јакна

casaco

мантил

gabardine

кабаница

traje

костим

vestido

хаљина

vestido de casamento

венчаница

terno

одело

camisola

спаваћица

pijama

пиџама

sari

сари

lenço de cabeça

марама за главу

turbante

турбан

burca

бурка

cafetã

кафтан

abaya

абаја

maiô

купаћи костим

sunga

купаће гаћице

shorts

кратке панталоне

roupa de treino

одећа за тренинг

avental

кецеља

luvas

рукавице

botão

дугме

óculos

наочаре

pulseira

наруквица

colar

огрлица

anel

прстен

brinco

наушница

boné

капа

cabide

вешалица

chapéu

шешир

gravata

кравата

zíper

патент затварач

capacete

кацига

suspensórios

нараменице

uniforme escolar

школска униформа

uniforme

униформа

vestuário - одећа

babador

подбрадак

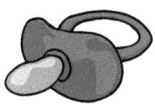

chupeta

дуда

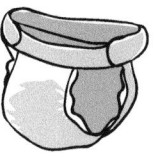

fralda

пелена

escritório
канцеларија

servidor
сервер

armário de arquivos
ормар за списе

impressora
штампач

papel
папир

monitor
монитор

escrivaninha
писаћи сто

mouse
миш

pasta
мапа

teclado
тастатура

cesto de lixo
кошара за папир

computador
компјутер

cadeira
столица

xícara de café

шалица за каву

calculadora

калкулатор

internet

интернет

laptop

лаптоп

carta

писмо

mensagem

порука

celular

мобилни телефон

rede

мрежа

copiadora

уређај за копирање

software

софтвер

telefone

телефон

tomada

утичница

fax

факс

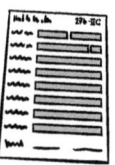

formulário

формулар

documento

документ

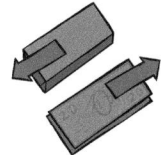

comprar

куповати

pagar

платити

negociar

трговати

dinheiro

новац

Dólar

долар

Euro

евро

Yen

јен

rublo

рубља

franco suíço

швајцарски франак

renminbi yuan

ренминдби јуан

rupia

рупија

caixa eletrônico

аутомат за новац

casa de câmbio

мењачница

ouro

злато

prata

сребро

petróleo

нафта

energia

енергија

preço

цена

contrato

уговор

imposto

порез

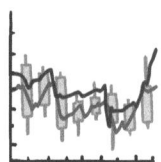

ação

деонице

trabalhar

радити

empregado

службеник

empregador

послодавац

fábrica

фабрика

loja

продавница

profissões
занимања

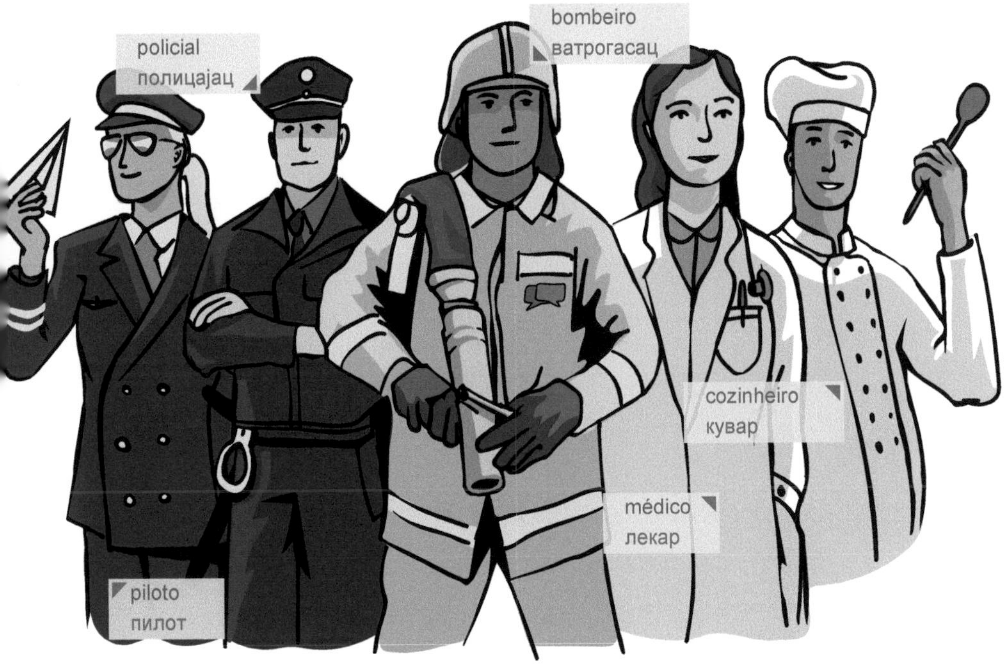
policial
полицајац
bombeiro
ватрогасац
cozinheiro
кувар
médico
лекар
piloto
пилот

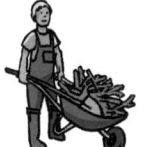

jardineiro

вртлар

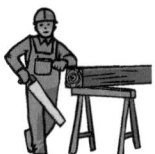

marceneiro

столар

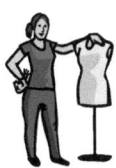

costureira

кројачица

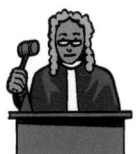

juiz

судија

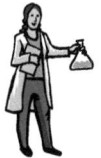

químico

хемичар

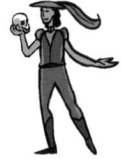

ator

глумац

motorista de ônibus

возач аутобуса

motorista de táxi

возач таксија

pescador

рибар

faxineira

чистачица

telhador

кровопокривач

garçom

конобар

caçador

ловац

pintor

сликар

padeiro

пекар

eletricista

електричар

construtor

грађевински радник

engenheiro

инжењер

açougueiro

месар

encanador

лимар

carteiro

поштар

soldado

војник

arquiteto

архитекта

caixa

благајник

florista

цвећар

cabelereiro

фризер

condutor

кондуктер

mecânico

механичар

capitão

капетан

dentista

зубар

cientista

научник

rabino

раби

imam

имам

monge

монах

pastor

свештеник

ferramentas

алати

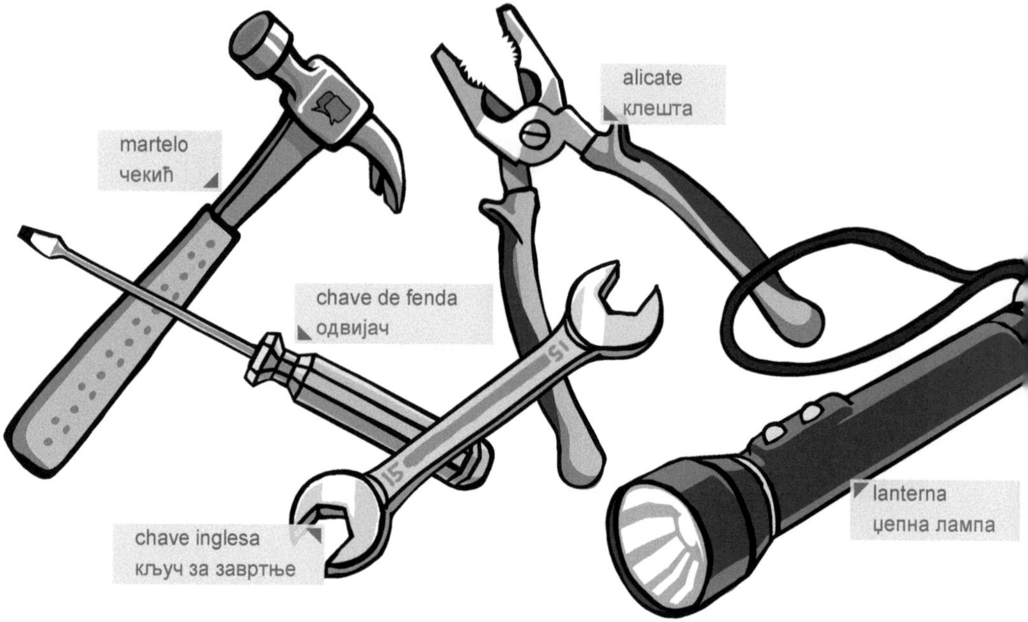
martelo
чекић
alicate
клешта
chave de fenda
одвијач
lanterna
џепна лампа
chave inglesa
кључ за завртње

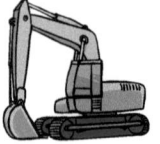

escavadora

багер

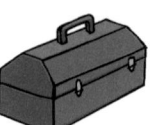

caixa de ferramentas

кутија за алат

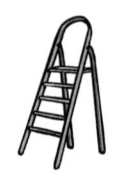

escada de mão

мердевине

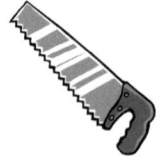

serra

пила

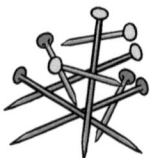

pregos

ексер

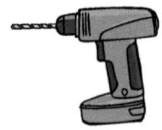

furadeira

бушилица

consertar
....
поправити

pá
....
лопата

Droga!
....
до ђавола!

pá de lixo
....
лопатица

pote de tinta
....
лонац за боју

parafusos
....
завртањи

instrumentos musicais
музички инструмент

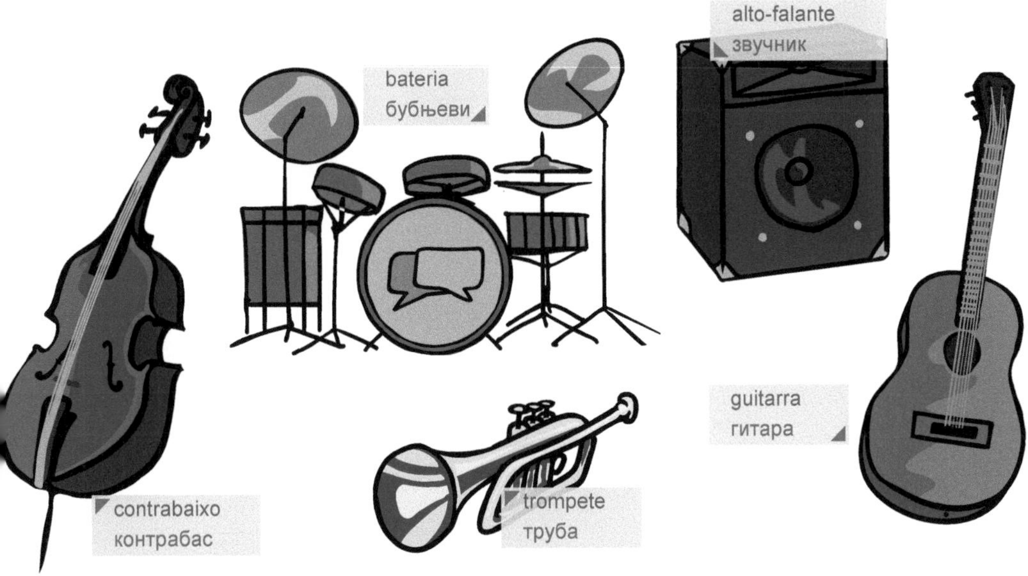

alto-falante
звучник

bateria
бубњеви

guitarra
гитара

contrabaixo
контрабас

trompete
труба

piano

клавир

violino

виолина

baixo

бас

timbales

тимпани

tambor

удараљке за бубњеве

teclado

типке клавира

saxofone

саксофон

flauta

флаута

microfone

микрофон

zoológico

зоолошки врт

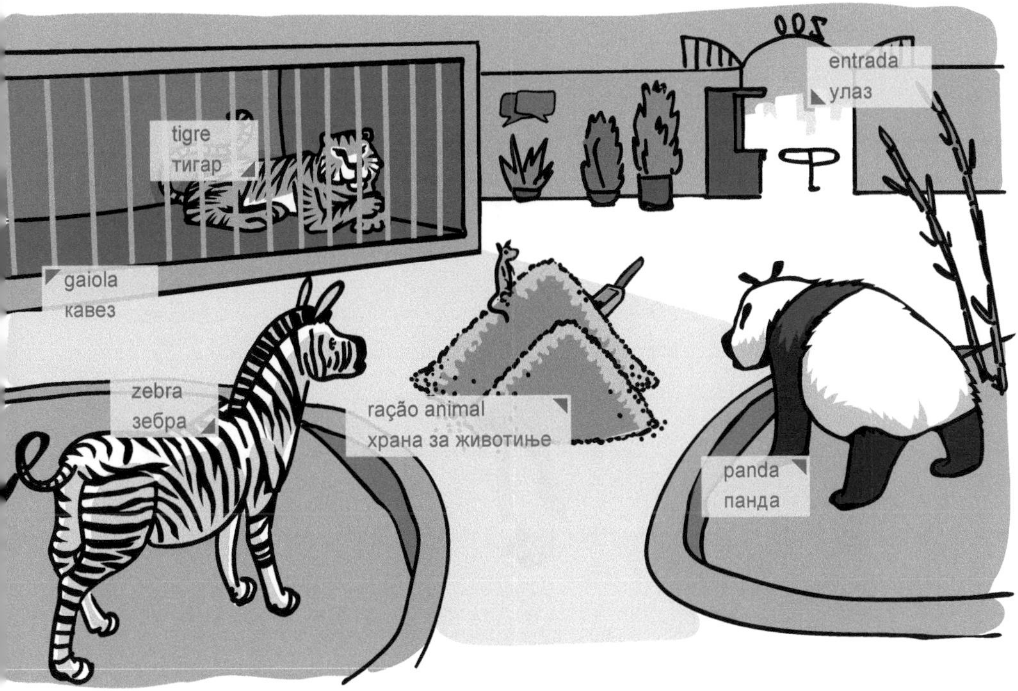

zoo
entrada
улаз
tigre
тигар
gaiola
кавез
zebra
зебра
ração animal
храна за животиње
panda
панда

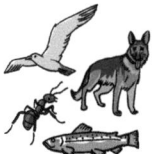

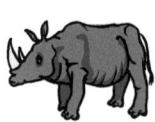

animais
животиње

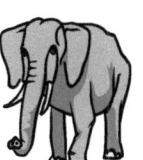

elefante
слон

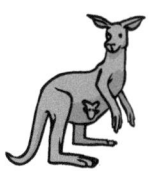

canguru
кенгур

rinoceronte
носорог

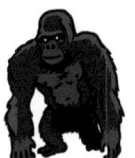

gorila
горила

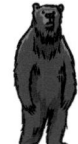

urso
медвед

camelo

камила

avestruz

нoj

leão

лав

macaco

мајмун

flamingo

фламинго

papagaio

папагај

urso polar

поларни медвед

pinguim

пингвин

tubarão

ајкула

pavão

паун

cobra

змија

crocodilo

крокодил

guarda do zoológico

чувар у зоолошком врту

foca

туљан

jaguar

јагуар

zoológico - зоолошки врт

pônei
пони

leopardo
леопард

hipopótamo
нилски коњ

girafa
жирафа

águia
орао

javali
дивља свиња

peixe
риба

tartaruga
корњача

morsa
морж

raposa
лисица

gazela
газела

futebol americano
амерички ногомет

ciclismo
бициклизам

tênis
тенис

basquete
кошарка

natação
пливање

boxe
бокс

hóquei no gelo
хокеј на леду

futebol
фудбал

badminton
бадминтон

atletismo
атлетика

handebol
рукомет

esqui
скијање

polo
поло

pular
скочити

rir
смејати се

abraçar
загрлити

andar
ићи

cantar
певати

sonhar
сањати

rezar
молити се

beijar
пољубити

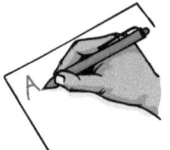

escrever

писати

desenhar

цртати

mostrar

показати

empurrar

гурати

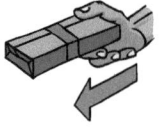

dar

дати

tomar

узети

ter
....
имати

fazer
....
чинити

ser
....
бити

ficar de pé
....
стојати

correr
....
трчати

puxar
....
повлачити

jogar
....
бацити

cair
....
падати

deitar
....
лежати

esperar
....
чекати

carregar
....
носити

sentar
....
седити

vestir
....
облачити

dormir
....
спавати

despertar
....
пробудити се

atividades - активности

olhar para

гледати

chorar

плакати

acariciar

миловати

pentear

чешљати

falar

говорити

entender

разумети

perguntar

питати

ouvir

слушати

beber

пити

comer

јести

arrumar

поспремити

amar

волети

cozinhar

кухати

dirigir

возити

voar

летети

velejar

пловити

calcular

рачунати

ler

читати

aprender

учити

trabalhar

радити

casar

венчати се

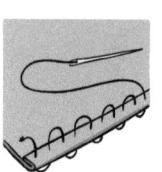

costurar

шити

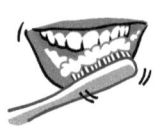

escovar os dentes

прати зубе

matar

убити

fumar

пушити

enviar

послати

família
породица

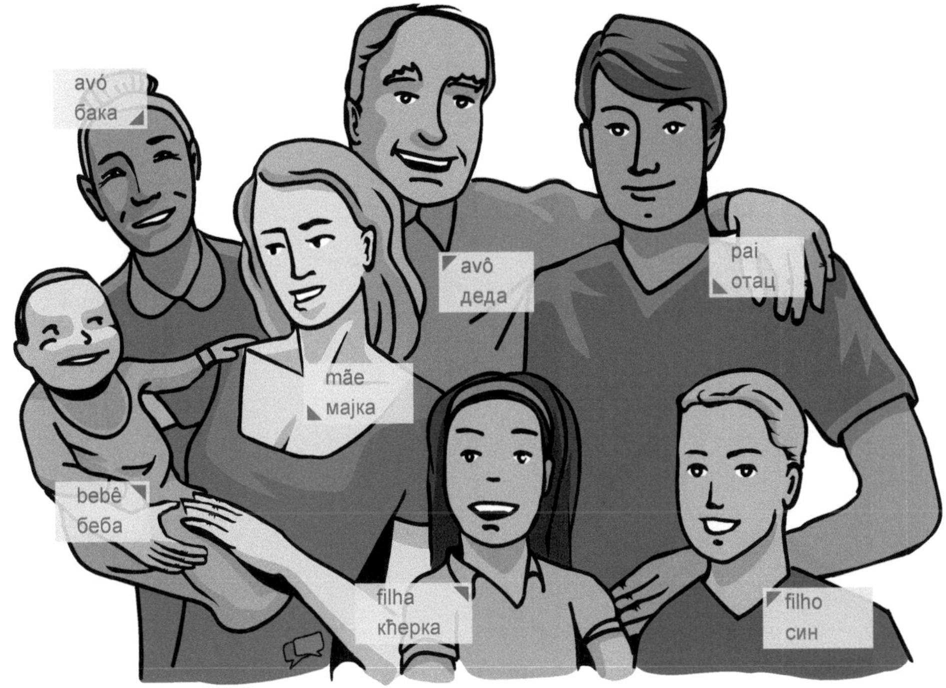

avó
бака
avô
деда
pai
отац
mãe
мајка
bebê
беба
filha
кћерка
filho
син

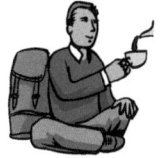

convidado

гост

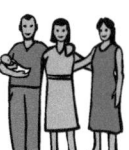

tia

тетка

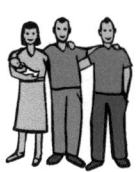

tio

ујак, стриц

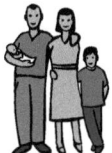

irmão

брат

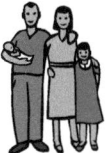

irmã

сестра

corpo

тело

testa
чело
olho
око
ombro
раме
dedo
прст
rosto
лице
queixo
брада
mão
рука
peito
груди
perna
нога
braço
рука

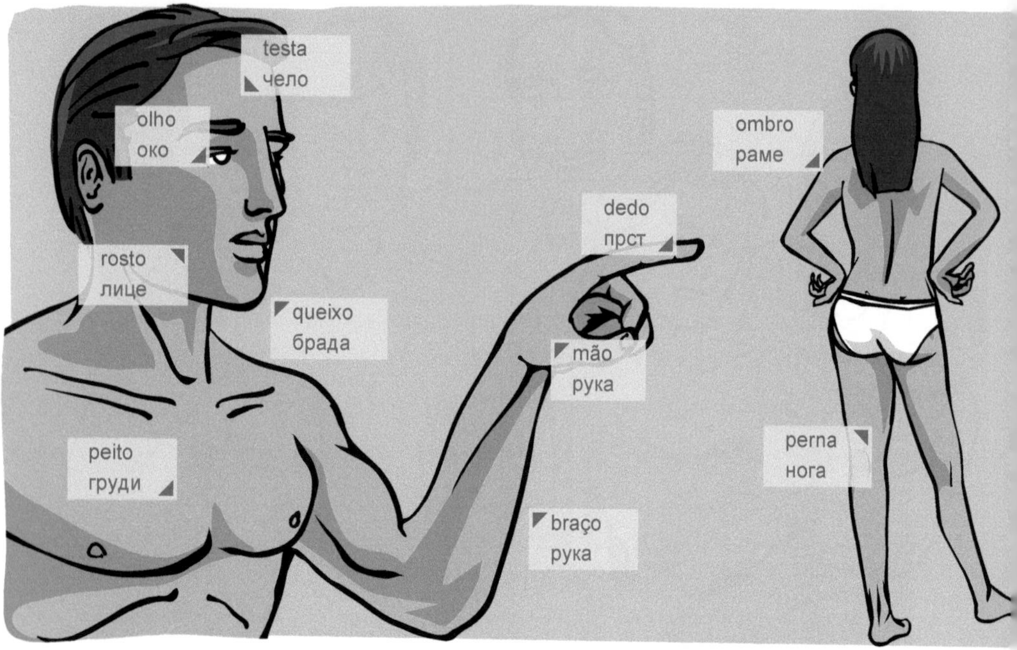

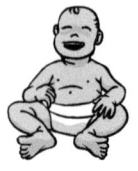

bebê
беба

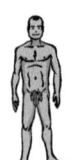

homem
мушкарац

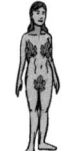

mulher
жена

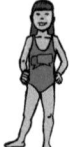

menina
девојчица

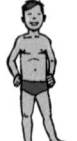

menino
дечак

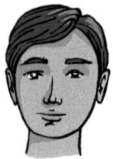

cabeça
глава

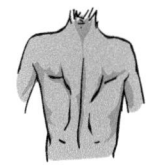

costas

леђа

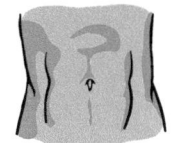

barriga

стомак

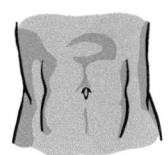

umbigo

пупак

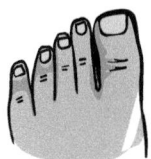

dedo do pé

ножни прст

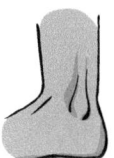

calcanhar

пета

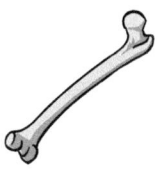

osso

кост

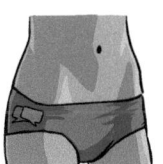

anca

кукови

joelho

колено

cotovelo

лакат

nariz

нос

nádegas

задњица

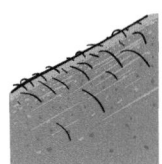

pele

кожа

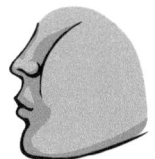

bochecha

образ

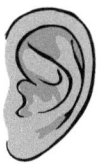

orelha

уво

lábio

усна

boca

уста

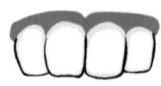

dente

зуб

língua

језик

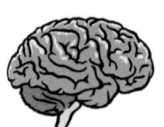

cérebro

мозак

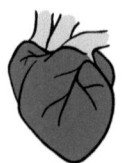

coração

срце

músculo

мишић

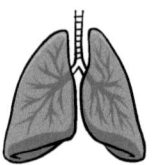

pulmão

плућа

fígado

јетра

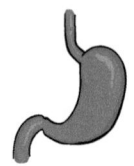

estômago

желудац

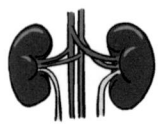

rins

бубрези

relações sexuais

полни однос

preservativo

кондом

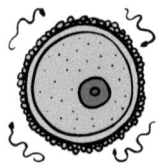

óvulo

јајна ћелија

esperma

сперма

gravidez

трудноћа

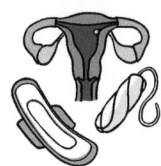

menstruação
менструација

vagina
вагина

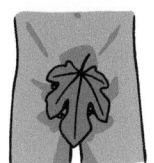

pênis
пенис

sobrancelha
обрва

cabelo
коса

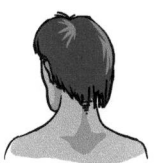

pescoço
врат

hospital
болница

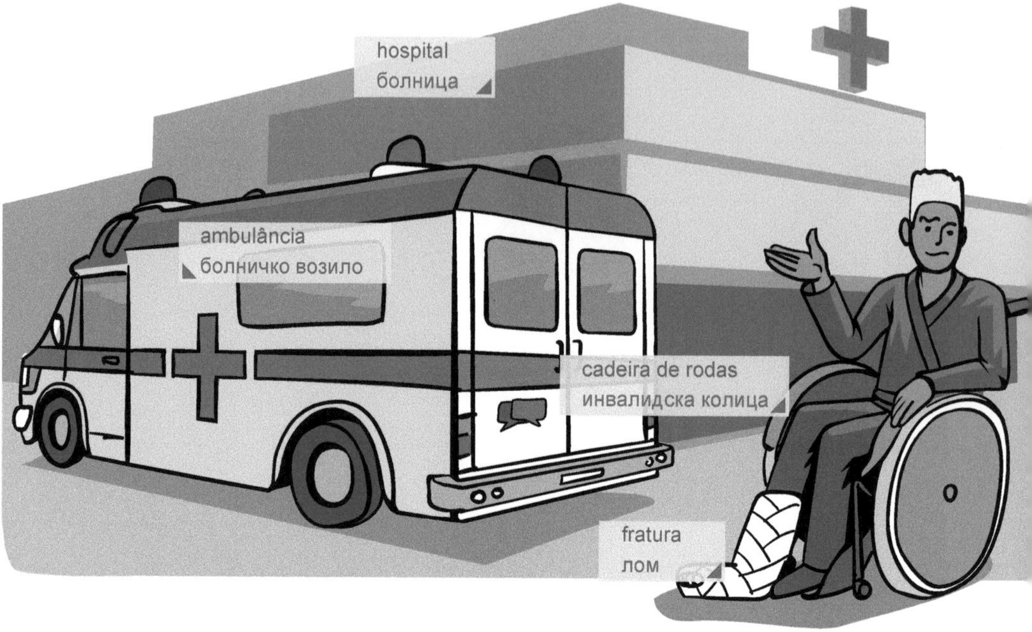

hospital
болница
ambulância
болничко возило
cadeira de rodas
инвалидска колица
fratura
лом

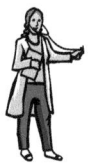

médico

лекар

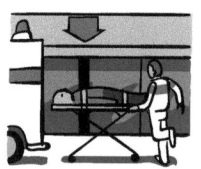

pronto-socorro

хитна медицинска служба

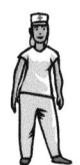

enfermeira

медицинска сестра

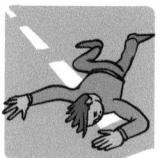

emergência

хитни случај

inconsciente

несвест

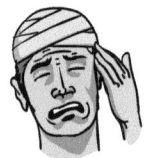

dor

бол

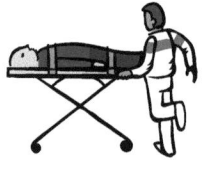

ferimento

повреда

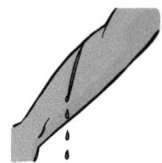

hemorragia

крварење

ataque cardíaco

срчани удар

acidente vacular cerebral

удар

alergia

алергија

tosse

кашаљ

febre

грозница

gripe

грипа

diarreia

пролив

dor de cabeça

главобоља

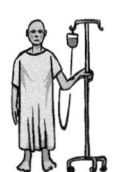

câncer

рак

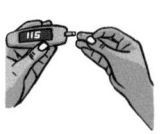

diabetes

дијабетес

cirurgião

хирург

bisturi

скалпел

operação

операција

CT

цт

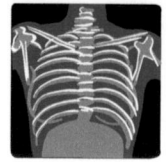

raio x

рентген

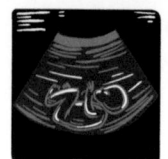

ultrassom

ултразвук

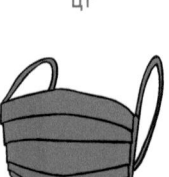

máscara

маска

doença

болест

sala de espera

чекаона

muleta

штака

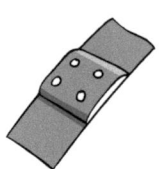

bandeide

фластер

ligadura

завој

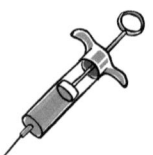

injeção

ињекција

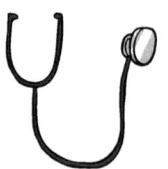

estetoscópio

стетоскоп

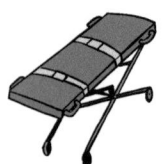

maca

носила

termômetro

термометар

nascimento

рођење

excesso de peso

прекомерна тежина

hospital - болница

aparelho auditivo

слушни апарат

desinfetante

средство за дезинфекцију

infecção

инфекција

vírus

вирус

HIV / AIDS

хив / аидс

medicamento

медицина

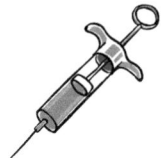

vacinação

вакцинација

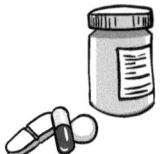

comprimidos

таблете

pílula

пилула

chamada de emergência

хитни позив

dispositivo de medição de
pressão arterial

уређај за мерење
притиска

doente / saudável

болесно / здраво

Socorro!

помоћ!

alarme

аларм

assalto

насртај

ataque

напад

perigo

опасност

saída de emergência

излаз у случају нужде

Fogo!

пожар!

extintor de incêndios

противпожарни апарат

acidente

незгоца

maleta de primeiros
socorros

кутија прве помоћи

SOS

сос

polícia

полиција

Europa

Европа

América do Norte

Северна Америка

América do Sul

Јужна Америка

África

Африка

Ásia

Азија

Austrália

Аустралија

Atlântico

Атлантик

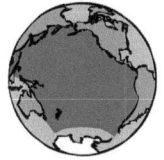

Pacífico

Пацифик

Oceano Índico

Индијски океан

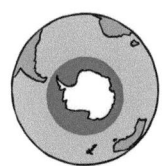

Oceano Antártico

Антарктички океан

Oceano Ártico

Арктички океан

Polo Norte

Северни рол

Polo Sul

Јужни рол

Antártica

Антарктик

Terra

земља

terra

земља

mar

море

ilha

оток

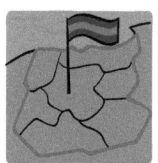

nação

нација

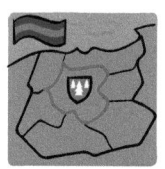

estado

држава

mostrador do relógio

бројчаник сата

ponteiro das horas

сатна казаљка

ponteiro dos minutos

минутна казаљка

ponteiro dos segundos

секундна казаљка

Que horas são?

Колико је сати?

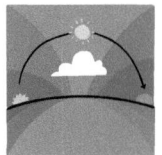

dia

дан

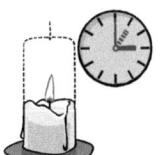

tempo

време

agora

сада

relógio digital

дигитални сат

minuto

минута

hora

час

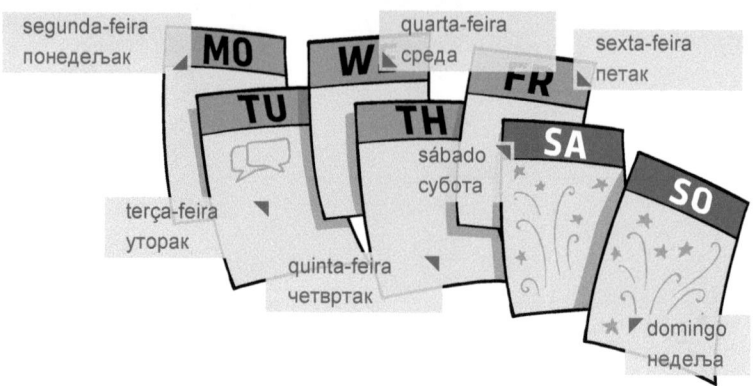

segunda-feira / понедељак
terça-feira / уторак
quarta-feira / среда
quinta-feira / четвртак
sexta-feira / петак
sábado / субота
domingo / недеља

ontem
juče

hoje
данас

amanhã
сутра

manhã
jutro

meio-dia
подне

entardecer
вече

MO	TU	WE	TH	FR	SA	SU
1	2	3	4	5	6	7
8	9	10	11	12	13	14
15	16	17	18	19	20	21
22	23	24	25	26	27	28
29	30	31	1	2	3	4

dias úteis
радни дани

MO	TU	WE	TH	FR	SA	SU
1	2	3	4	5	6	7
8	9	10	11	12	13	14
15	16	17	18	19	20	21
22	23	24	25	26	27	28
29	30	31	1	2	3	4

fim de semana
викенд

ano

година

chuva
киша
arco-íris
дуга
vento
ветар
neve
снег
primavera
пролеће
outono
јесен
verão
лето
inverno
зима

4.APRIL 11°
5.APRIL 4°
6.APRIL 13°
7.APRIL 8°
8.APRIL 10°

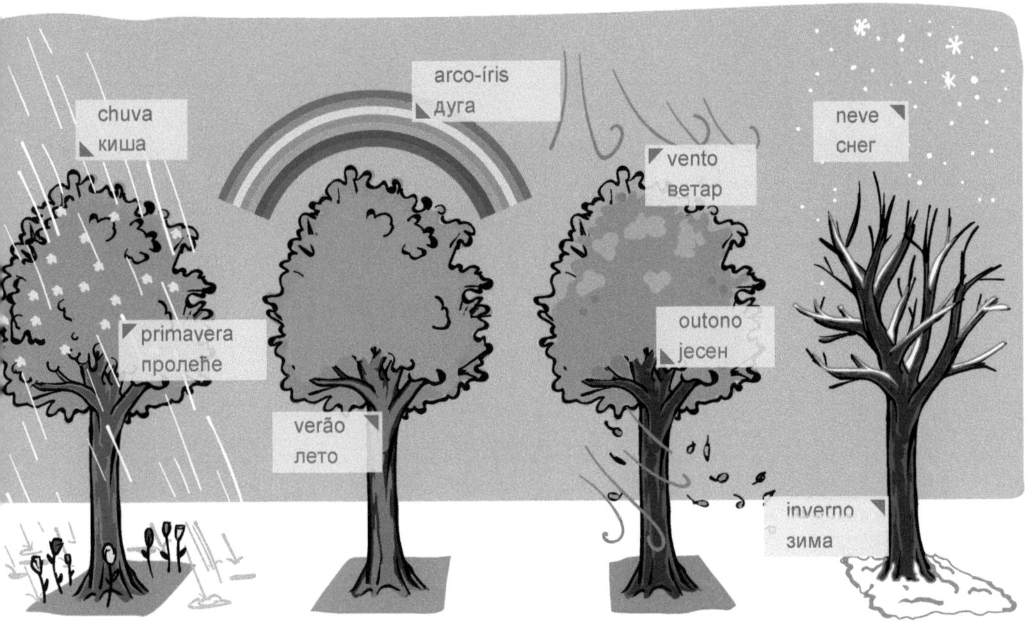

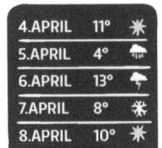

previsão do tempo

метеоролошка прогноза

F C
120 40
90 30
60 20
30 10
0 0
-30 -10
-20

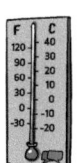

termômetro

термометар

raio de sol

сунчана светлост

nuvem

облак

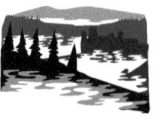

neblina / nevoeiro

магла

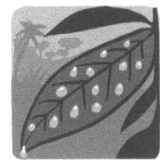

umidade do ar

влажност ваздуха

relâmpago

муња

trovão

грмљавина

tempestade

олуја

granizo

туча

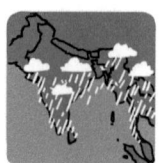

monção

монсун

inundação

поплава

gelo

лед

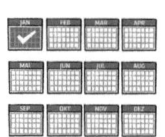

janeiro

јануар

fevereiro

фебруар

março

март

abril

април

maio

мај

junho

јуни

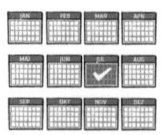

julho

јули

agosto

август

ano - година

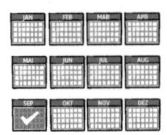

setembro
....
септембар

outubro
....
октобар

novembro
....
новембар

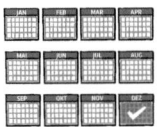

dezembro
....
децембар

formas
облици

círculo
....
круг

quadrado
....
квадрат

retângulo
....
правоугао

triângulo
....
троугао

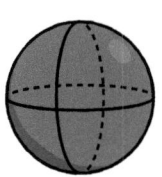

esfera
....
кугла

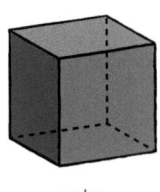

cubo
....
коцка

branco

бела

amarelo

жута

laranja

наранџаста

rosa

ружичаста

vermelho

црвена

lilás

љубичаста

azul

плава

verde

зелена

marrom

смеђа

cinza

сива

preto

црна

muito / pouco

много / мало

furioso / tranquilo

љутито / мирно

lindo / feio

лепо / ружно

começo / fim

почетак / крај

grande / pequeno

велико / малено

claro / escuro

светло / тамно

irmão / irmã

брат / сестра

limpo / sujo

чисто / прљаво

completo / incompleto

потпуно / непотпуно

dia / noite

дан / ноћ

morto / vivo

мртво / живо

largo / estreito

широко / уско

comestível / não comestível

jestivo / нejestиво

mau / gentil

зло / добро

entusiasmado / entediado

узбуђено / досадно

gordo / magro

дебело / мршаво

primeiro / último

на почетку / на крају

amigo / inimigo

пријатељ / непријатељ

cheio / vazio

пуно / празно

duro / macio

тврдо / мекано

pesado / leve

тешко / лагано

fome / sede

глад / жеђ

doente / saudável

болесно / здраво

ilegal / legal

илегално / легално

inteligente / idiota

паметно / глупо

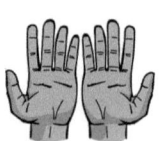

esquerda / direita

лево / десно

perto / longe

близу / далеко

opostos - супротности

novo / usado

ново / половно

nada / alguma coisa

ништа / нешто

velho / jovem

старо / младо

ligado / desligado

укључено / искључено

aberto / fechado

отворено / затворено

baixo / alto

тихо / гласно

rico / pobre

богато / сиромашно

certo / errado

тачно / погрешно

áspero / liso

храпаво / глатко

triste / feliz

тужно / сретно

curto / longo

кратко / дуго

lento / rápido

полако / брзо

molhado / seco

мокро / сухо

ameno / fresco

топло / хладно

guerra / paz

рат / мир

opostos - супротности

0

zero

нула

1

um

један

2

dois

два

3

três

три

4

quatro

четири

5

cinco

пет

6

seis

шест

7

sete

седам

8

oito

осам

9

nove

девет

10

dez

десет

11

onze

једанаест

12
doze
дванаест

13
treze
тринаест

14
quatorze
четрнаест

15
quinze
петнаест

16
dezesseis
шестнаест

17
dezessete
седамнаест

18
dezoito
осамнаест

19
dezenove
деветнаест

20
vinte
двадесет

100
cem
стотину

1.000
mil
хиљаду

1.000.000
milhão
милион

inglês

енглески

inglês americano

амерички енглески

chinês mandarim

мандарински кинески

hindi

хиндски

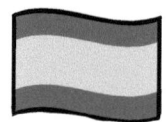

espanhol

шпански

francês

француски

árabe

арапски

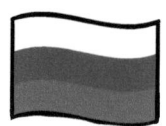

russo

руски

português

португалски

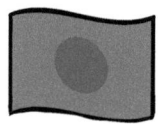

bengalês

бенгалски

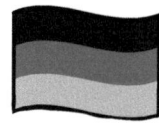

alemão

немачки

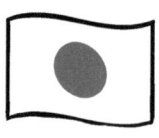

japonês

јапански

eu

ja

você

ти

ele / ela

он / она / оно

nós

ми

vocês

ви

eles / elas

они

quem?

Ко?

O quê?

Шта?

como?

Како?

onde?

Где?

Quando?

Када?

HELLO, I AM

nome

име

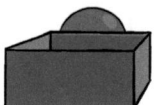

atrás

иза

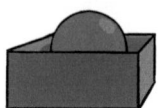

em

у

na frente de

испред

sobre

преко

em cima

на

debaixo

испод

do lado

поред

entre

између

lugar

место